AF365281

À Magali et Célia

À mes fils

L'amour est éternel

Illustration par KissLL

ISBN

978-2-9819493-0-1

Dépôt légal - Bibliothèque et Archives nationales du Québec, 2021.

Ma maman est une étoile

Je m'appelle Lilia et j'ai six ans. Je vais te raconter comment ma maman est devenue une étoile.

Maman m'a mise au monde par un beau mois de juillet, il faisait beau et chaud. Le soleil brillait très haut dans le ciel et de magnifiques oiseaux chantaient.

Lorsque ma maman m'a prise dans ses bras la première fois, ses yeux brillaient de bonheur... comme des étoiles dans le ciel.

Ma maman prenait toujours soin de moi lorsque j'étais bébé. Parfois, lorsque j'avais de la fièvre ou des otites, elle veillait toute la nuit pour s'assurer que tout allait bien. Ainsi, j'avais moins mal et j'étais rassurée.

Si je faisais des cauchemars durant la nuit,
elle venait me bercer et me murmurait tout
doucement: «Maman t'aime ma chérie. Tout
ira bien ma Lilia ».

Durant mon enfance, j'ai appris beaucoup de choses avec maman. Elle m'a apprise ma comptine préférée, celle du petit furet: ♬♪il court, il court, le furet ♬♪, il est passé par ici ♪♫, il repassera par là ♪♫.

Parfois, elle me portait sur son dos, m'enveloppait d'un tissu pagne africain et elle dansait avec moi: c'était très rigolo.

Mes premiers pas, je les ai faits juste en sautant de ses bras. Maman riait aux éclats, elle était fière de me voir marcher pour la première fois.

Je me souviens aussi que j'aimais me coller
contre ma maman, le soir après le souper,
quand elle me donnait mon petit verre de
lait chaud. Ensuite, elle me lisait une
histoire de mon livre de contes préféré sur
les princesses.

Avant le dodo, maman m'a appris à joindre les mains pour prier, dire merci et bénir toute la famille. Près de maman, je n'avais peur de rien. Elle veillait sur moi comme une étoile veille dans la nuit.

Durant l'été, nous nous sommes baignées
dans notre piscine avec mes cousins et mes
amis.

J'ai toujours adoré jouer dans l'eau.
Maman m'avait acheté ma petite bouée
rose. Nous avons joué à faire des bulles
dans l'eau, c'était très amusant.

Un jour, maman est tombée malade, elle a dû aller à l'hôpital régulièrement. Le soir, elle était de retour à la maison pour m'embrasser très fort et me raconter des histoires. Elle était trop fatiguée pour jouer, mais ce n'était pas grave.

J'aimais me coucher contre elle, écouter sa respiration et sentir son souffle chaud sur ma peau.

Mes grands-parents sont venus habiter
avec nous dans notre maison. Ils
s'occupaient de moi parce que maman
était alitée.

J'aimais beaucoup avoir mon papy et ma
mamie chez nous. Ma mamie faisait de
bons petits plats. Mon papy riait très fort
comme le père noël, me donnait le bain et
jouait à me soulever très haut dans les airs.

Maman a dû retourner à l'hôpital pour plus longtemps. Elle avait un cancer. C'est une maladie très grave.

Les docteurs lui ont donné des médicaments pour la soigner. Elle a fait de la chimiothérapie. Maman a aussi eu une chirurgie.

J'ai aussi remarqué qu'elle a changé de coiffure, elle n'avait plus de cheveu sur sa tête mais portait un beau foulard rose.

Et puis un soir, nous étions à l'hôpital autour de ma maman. Il y avait la famille, papy, mamie et les amis. Ma mère m'a embrassée très fort et elle m'a remis un petit lutin rouge. J'ai dit merci et je lui ai fait de gros bisous moi aussi.

Maman a ensuite fermé les yeux pour la dernière fois. Ma mamie m'a prise dans ses bras. Elle pleurait doucement, elle m'a dit: « Tu sais Lilia, ta maman a fermé les yeux pour toujours, elle a cessé de vivre. Mais tu resteras toujours sa princesse et elle t'aimera toujours Lilia.»

Quelques temps après, nous sommes allés à l'église parce que notre famille est chrétienne. Il y avait beaucoup de gens, la famille et les amis. On a prié et chanté, le prêtre a dit la messe des défunts et des prières pour bénir et nous réconforter.

Le corps de maman était dans une boîte qu'on appelle cercueil. Il y avait beaucoup de belles fleurs autour. Moi, j'avais beaucoup de chagrin car ma mère était juste couchée, elle ne bougeait plus.

Maman n'a pas ouvert les yeux pour me regarder et me sourire comme avant. Mon oncle Kémi m'a prise dans ses bras pour me consoler. Mes cousins aussi étaient auprès de moi pour m'apporter du réconfort.

On est allé ensuite au cimetière. C'est un endroit où on a placé le cercueil qui contenait le corps de maman. Le cercueil a été mis dans une tombe, on a recouvert de terre et posé les fleurs au-dessus.

J'ai demandé à Mamie si maman avait mal. Mamie m'a expliqué: « Ta maman n'a plus mal Lilia et elle ne souffrira plus. Nous les chrétiens, nous croyons que maman est dans le royaume de Dieu et qu'elle est dans le bonheur éternel. Elle prie pour nous, spécialement pour toi sa petite princesse»

Quelques jours plus tard, je ressentais toujours beaucoup de chagrin. Toute la famille s'est retrouvée à la maison. Nous avons regardé des vidéos et des photos de ma maman. J'ai repensé aussi aux moments où elle me faisait plein de bisous et de chatouilles, et j'ai ressenti un peu moins de peine.

Toute ma famille prend soin de moi et me protège. Lorsque je suis triste, j'en parle avec mes cousins et les autres adultes de la famille. Je sais qu'ils comprennent ma douleur parce qu'eux aussi aimaient beaucoup maman.

Parfois, lorsque je suis toute seule dans mon lit, avant de m'endormir, je pense à ma maman et son souvenir me réchauffe le cœur, comme un câlin.

Je ferme les yeux et j'imagine que maman est une étoile, car même si je ne la vois plus, je ressens dans mon coeur la douce lumière de son amour. C'est comme une étoile qui brille dans le ciel.

J'aime aussi faire des dessins. Je dessine parfois les fleurs préférées de maman ou de sa robe rose: je fais de beaux coloriages avec mes crayons de couleur, cela m'aide à oublier ma tristesse durant ces moments.

Je sais que je ne l'oublierai jamais.

Je la porterai toujours dans mon coeur
partout où j'irai.

Car l'amour d'une maman,

c'est pour toujours.

Et toi, connais-tu quelqu'un qui est devenu une étoile?

Y a-t-il une personne que tu aimais beaucoup et qui n'est plus de ce monde?

Si parfois tu penses à elle, et que tu te sens triste, ferme les yeux, pose la main sur ta poitrine et écoute ton coeur qui bat: l'amour de cette étoile sera toujours avec toi.